# Llantas y rayos

**Un libro sobre ruedas y ejes**

por Michael Dahl  ilustrado por Denise Shea
Traducción: Sol Robledo

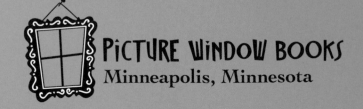

PICTURE WINDOW BOOKS
Minneapolis, Minnesota

Agradecemos a nuestros asesores por su pericia:

Youwen Xu, Profesora
Department of Physics and Astronomy
Minnesota State University, Mankato, Minn.

Susan Kesselring, M.A., Alfabetizadora
Rosemount–Apple Valley–Eagan (Minnesota) School District

Redacción: Jacqueline Wolfe

Diseño: Joseph Anderson

Composición: Melissa Kes

Dirección creativa: Keith Griffin

Dirección editorial: Carol Jones

Las ilustraciones de este libro se crearon con medios digitales.

Traducción y composición: Spanish Educational Publishing, Ltd.

Coordinación de la edición en español: Jennifer Gillis/Haw River Editorial

Picture Window Books
5115 Excelsior Boulevard
Suite 232
Minneapolis, MN 55416
877-845-8392
www.picturewindowbooks.com

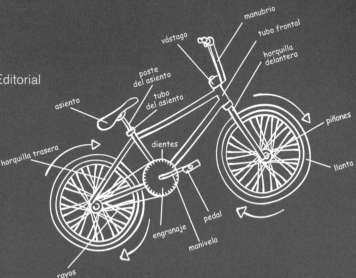

Impreso en los Estados Unidos de América.

**Library of Congress Cataloging-in-Publication Data**

Dahl, Michael.

[Tires, Spokes, and Sprockets. Spanish]

Ruedas y rayos : un libro sobre ruedas y ejes / por Michael Dahl ; ilustrado por Denise Shea ;
traducción: Sol Robledo.

p. cm. — (Ciencia asombrosa)

Originally published: Tires, Spokes, and Sprockets. 2006.

Includes index.

ISBN-13: 978-1-4048-3235-0 (library binding)

ISBN-10: 1-4048-3235-1 (library binding)

ISBN-13: 978-1-4048-2531-4 (paperback)

ISBN-10: 1-4048-2531-2 (paperback)

1. Wheels—Juvenile literature. I. Shea, Denise. II. Title.

TJ181.5.D3418 2007

621.8'11—dc22                    2006034356

# Contenido

4

Las motocicletas pasean por las calles, los carros zumban y los camiones retumban. En todas las calles verás bicicletas en las banquetas y patinetas que suben y bajan. ¡Tantas ruedas!

# Las ruedas son máquinas

La rueda es una máquina simple. Una máquina es cualquier herramienta o aparato que nos ayuda a realizar trabajo. Las ruedas nos ayudan a movernos.

# Los ejes

Las ruedas giran alrededor de un eje. Un eje es una barra o varilla de metal que pasa por el centro de la rueda. Todas las ruedas de los carros, los camiones y los autobuses giran alrededor de un eje.

9

# Ruedas grandes y pequeñas

Hay ruedas de todos los tamaños. El tamaño de la rueda depende del peso que tiene que cargar. A veces, en lugar de tener ruedas grandes podemos tener muchas ruedas pequeñas, como en los patines.

Un triciclo tiene tres ruedas: una grande al frente y dos pequeñas atrás. La rueda del frente es para dirigir el triciclo. Las dos de atrás son para darle equilibrio.

# El engranaje

Observa la llanta trasera de tu bicicleta. La rueda está unida a otra rueda más pequeña con su propio eje. La rueda de metal no es lisa; tiene dientes. Es el engranaje.

Los engranajes son ruedas con dientes. Por el engranaje pasa una cadena que viene desde los pedales de la bicicleta. Cuando le damos a los pedales, la cadena se mueve, el engranaje gira y la rueda da vueltas. Los engranajes también se llaman piñones.

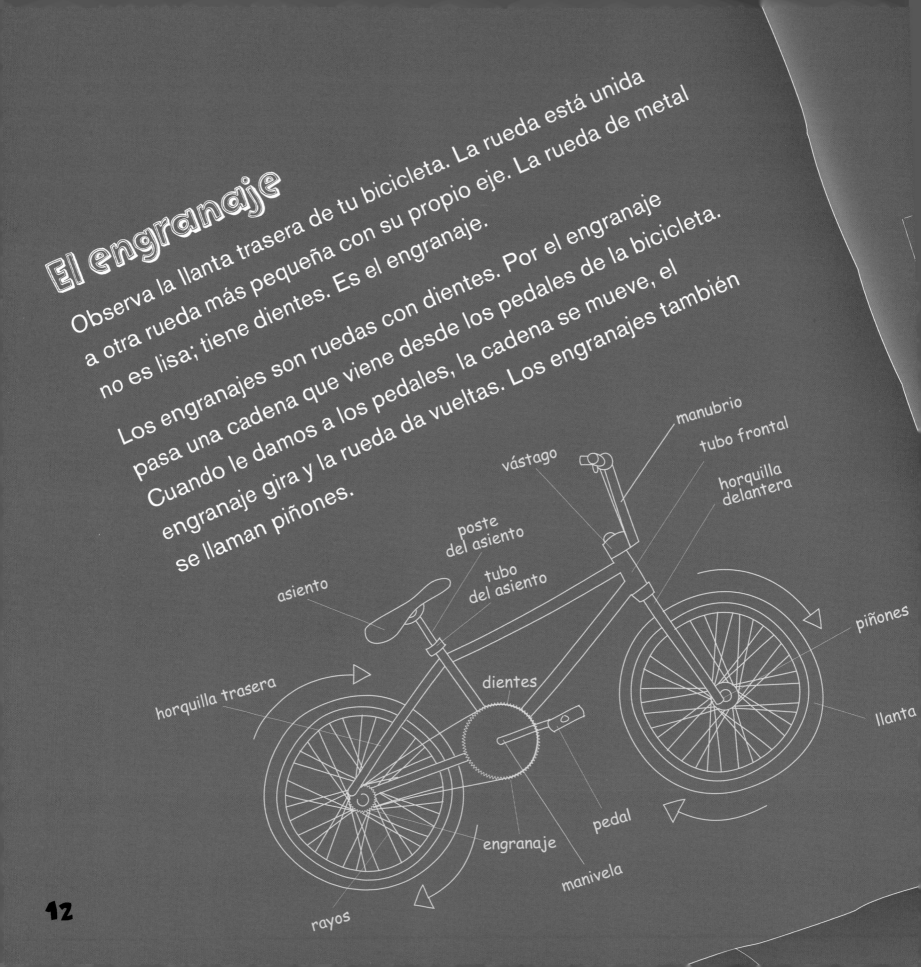

manubrio

tubo frontal

horquilla delantera

vástago

poste del asiento

tubo del asiento

asiento

piñones

dientes

llanta

horquilla trasera

pedal

engranaje

manivela

rayos

No. 10024
Bicicleta

Sistema de rueda y engranaje

14

# Hacia la derecha y hacia la izquierda

Dentro de los relojes hay muchos engranajes. Los dientes de un engranaje encajan con otro. Así, cuando uno se mueve, el otro también se mueve. Los engranajes y las ruedas se mueven en dos direcciones: hacia la derecha, como las agujas de los relojes, y hacia la izquierda, al revés de los relojes. Cuando dos engranajes están unidos, los dos se mueven en dirección opuesta.

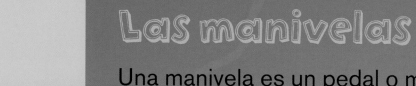

# Las manivelas

Una manivela es un pedal o mango que le da vueltas a una rueda. El mango de un sacapuntas es una manivela.

Los pedales de tu triciclo son manivelas.

Un batidor de huevos da vueltas con una manivela.

Un manivela enrolla el sedal de la caña de pescar.

# Las correas

A veces las ruedas o los engranajes están conectados por correas. Las correas son de goma dura o de metal. Puedes ver correas anchas en la caja registradora del supermercado.

La cinta del equipaje en los aeropuertos
es una correa de metal.

# ¡Fuera!

En sus marcas, listos… ¡fuera! Ahí van los carros de carrera. Se deslizan por la colina y voltean para seguir la pista. Las ruedas giran suavemente sobre sus ejes.

Los conductores guían las máquinas con el volante. Las ruedas mueven otras ruedas.

Sube y sube la velocidad. ¡Las ruedas no sólo nos ayudan con el trabajo… también nos divierten!

# Gira y gira

¿Cómo nos ayuda una máquina simple como la rueda y el eje en el trabajo?

**MATERIALES:**

- un carrete de hilo vacío
- un cordel
- 2 vasos desechables
- 20 monedas de un centavo
- 2 lápices
- cinta adhesiva

**PASOS:**

1. Mete la punta de los dos lápices en el carrete, uno de cada lado. Deben quedar fijos.

2. Cuelga los dos lápices de la orilla de una mesa con el cordel. Pégalo con cinta adhesiva. Los dos lápices deben estar parejos.

3. Haz unos hoyitos en la parte de arriba de los vasos. Ata un cordel de 2 pies (60 centímetros) a cada uno de los vasos. Márcalos A y B.

4. Pega el cordel del vaso A a uno de los lápices y dale vueltas hacia el lado opuesto a ti.

5. Pega el cordel del vaso B al carrete de hilo. Ahora gira los lápices en dirección hacia ti para que el cordel se enrolle en el carrete.

6. Pon 10 monedas en el vaso A.

7. El vaso B debe estar arriba. Ahora ponle monedas al vaso B, una por una, hasta que empiece a moverse lentamente.

8. Observa cómo se mueven los vasos.

# Datos curiosos

- Una rueda es un círculo. El círculo es la mejor forma para desplazarse con suavidad sobre una superficie.

- Mira la parte de abajo de una patineta. La mayoría de los ejes tienen dos ruedas, una en cada extremo. Una patineta tiene dos ejes que sostienen cuatro ruedas en total.

- Las chapas de las puertas también son ruedas. Le dan vueltas a un eje pequeño que pasa por la puerta.

- Los rayos son los cables fuertes de metal que unen la rueda al eje.

- Una rueda es una máquina simple. Cuando se usan muchas ruedas en una máquina o un aparato, se forma una máquina compuesta.

- Las correas que mueven a las personas o los paquetes se llaman cintas transportadoras.

# Glosario

**eje**–barra o varilla de metal que pasa por el centro de una rueda

**engranaje**–ruedas con dientes que se unen para crear movimiento

**manivela**–pedal o mango que le da vuelta a una rueda

**triciclo**–bicicleta de pedales que tiene tres ruedas, una grande al frente y dos pequeñas atrás

# APRENDE MÁS

## EN LA BIBLIOTECA

Mezzanotte, Jim. *Cómo funcionan las ruedas y los ejes.*
  Minneapolis, MN: Lerner Publishing, 2006.
Randolph, Joanne. *Engranajes en mi mundo.*
  Nueva York: Rosen Publishing, 2006.
Walker, Sally M., Feldmann, Roseann y King, Andy.
  *Ruedas y ejes.* Minneapolis, MN: Lerner Publishing, 2005.

## EN LA RED

FactHound ofrece un medio divertido y confiable de buscar portales de la red relacionados con este libro. Nuestros expertos investigan todos los portales que listamos en FactHound.

1. Visite *www.facthound.com*
2. Escriba una palabra relacionada con este libro o escriba este código: 140481308X
3. Oprima el botón FETCH IT.

¡FactHound, su buscador de confianza, le dará una lista de los mejores portales!

## BUSCA MÁS LIBROS DE LA SERIE CIENCIA ASOMBROSA:

**Corta y para:** Un libro sobre cuñas

**Desliza y empuja:** Un libro sobre rampas

**Enrosca y une:** Un libro sobre tornillos

**Levanta y abre:** Un libro sobre palancas

**Sube y baja:** Un libro sobre poleas